Test Pattern

Plate 1

Test Pattern

Plate 1

Plate 2

Test Pattern

Plate 2

Test Pattern

Plate 3

Test Pattern

Plate 3

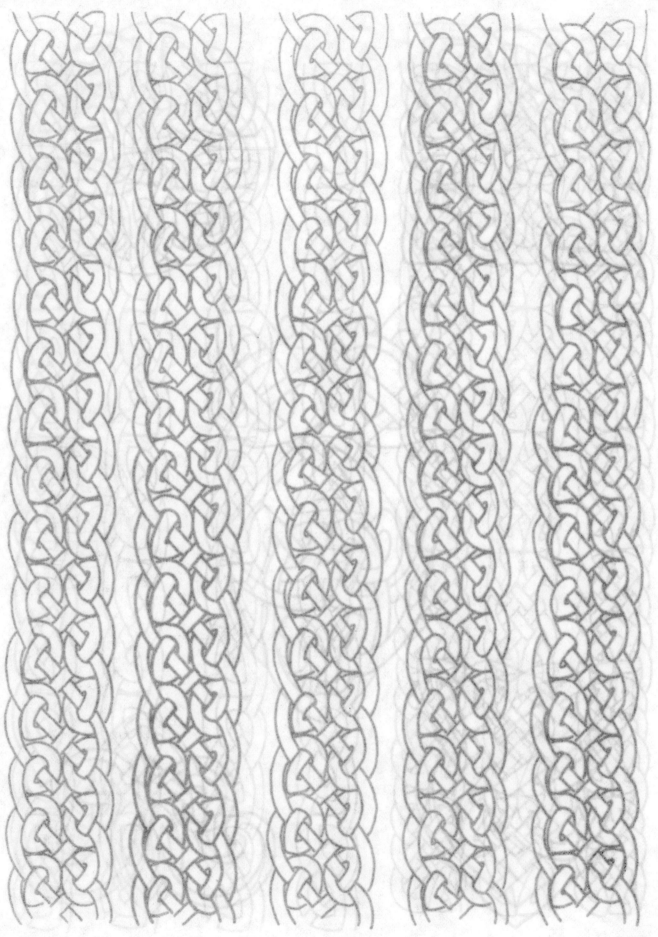

Plate 4

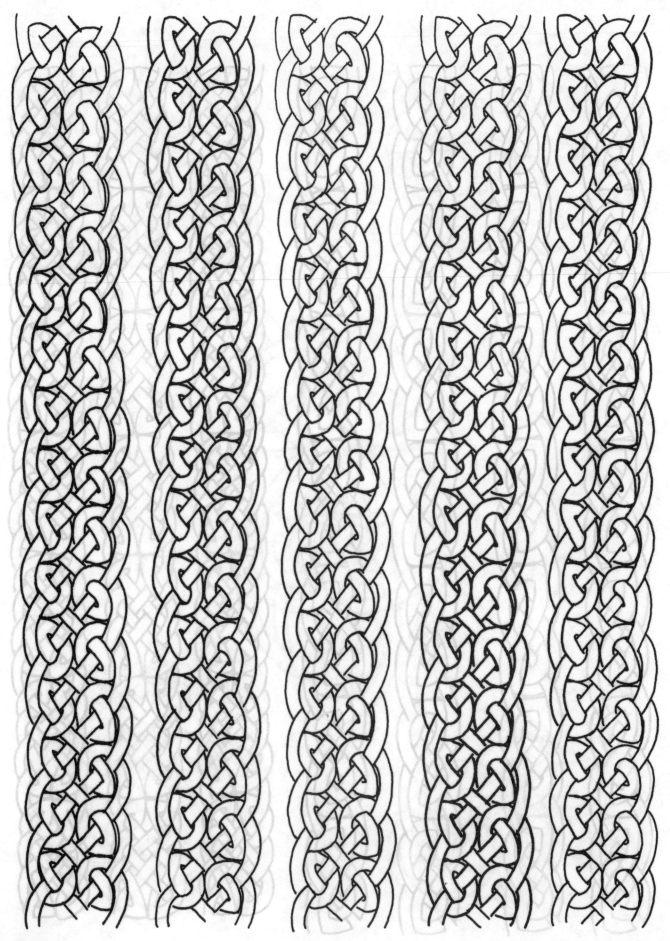

Plate 4

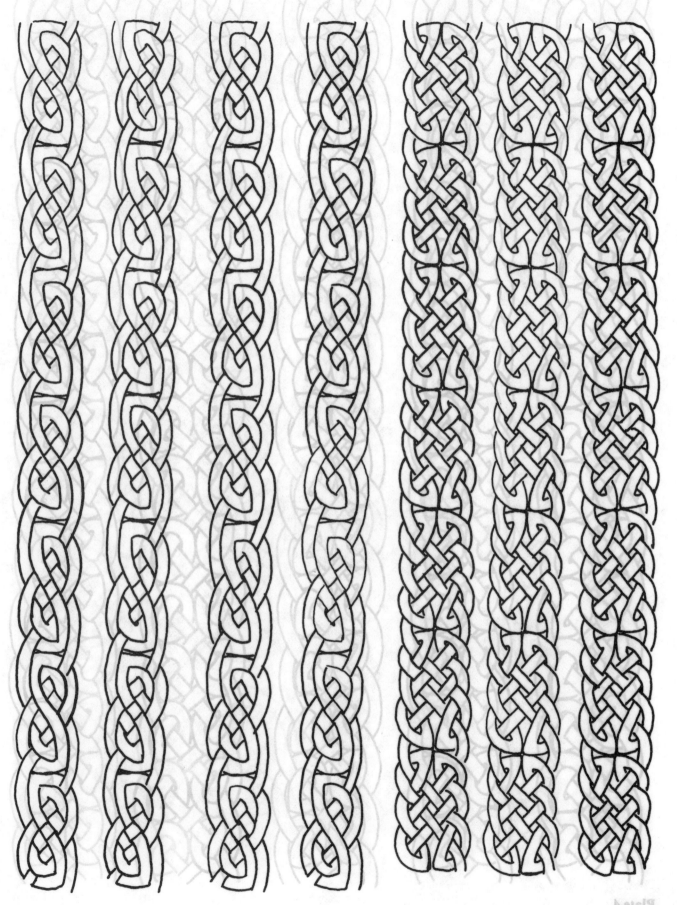

Plate 5

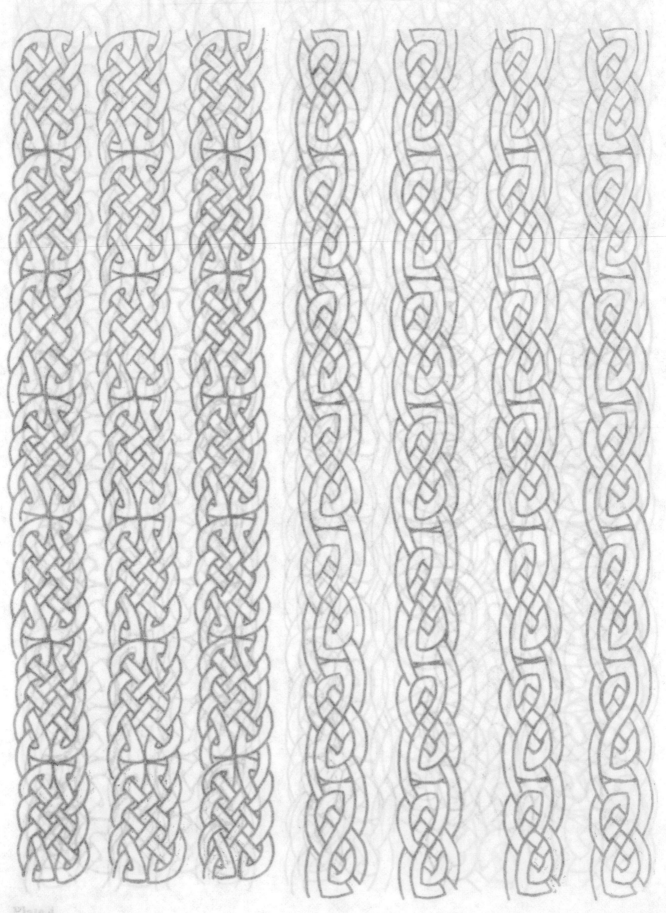

Plate 5

Plate 6

Plate 6

Plate 7

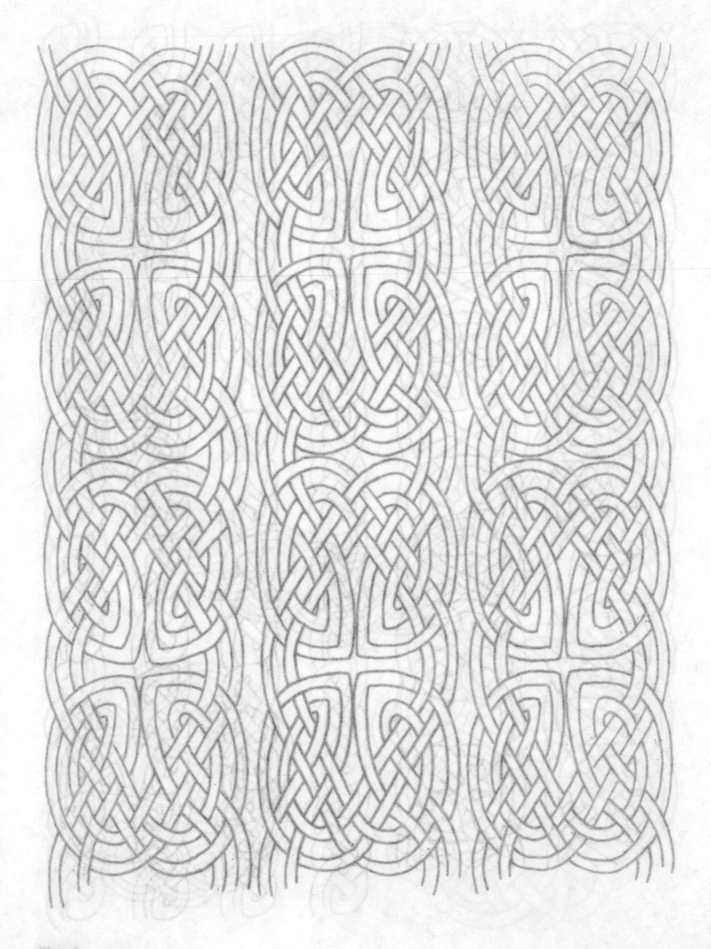

Plate 7

Plate 8

Plate 8

Test Pattern

Plate 9

Test Pattern

Plate 9

Plate 10

Plate 10

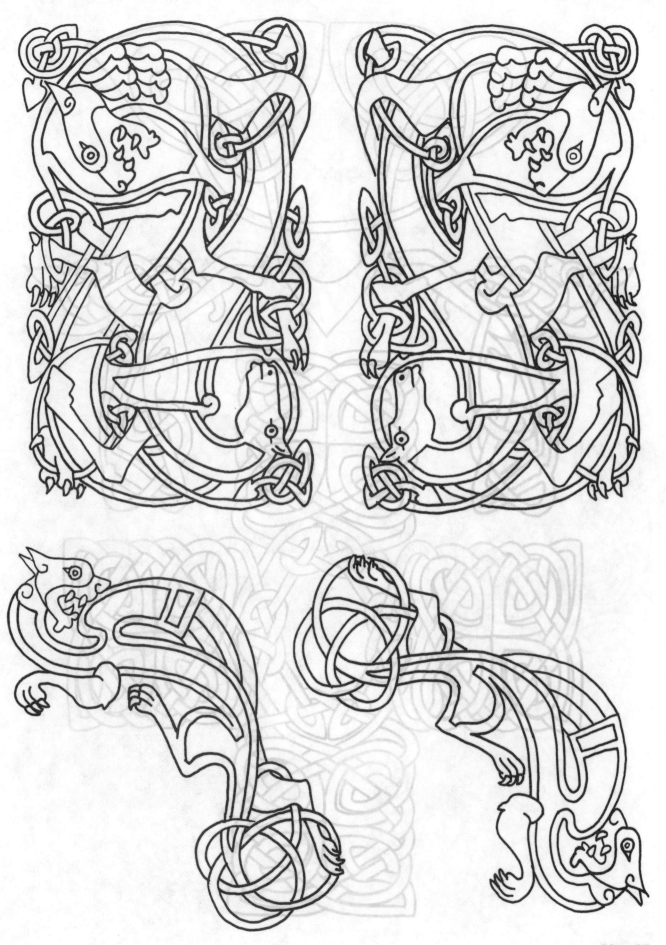

Plate 11

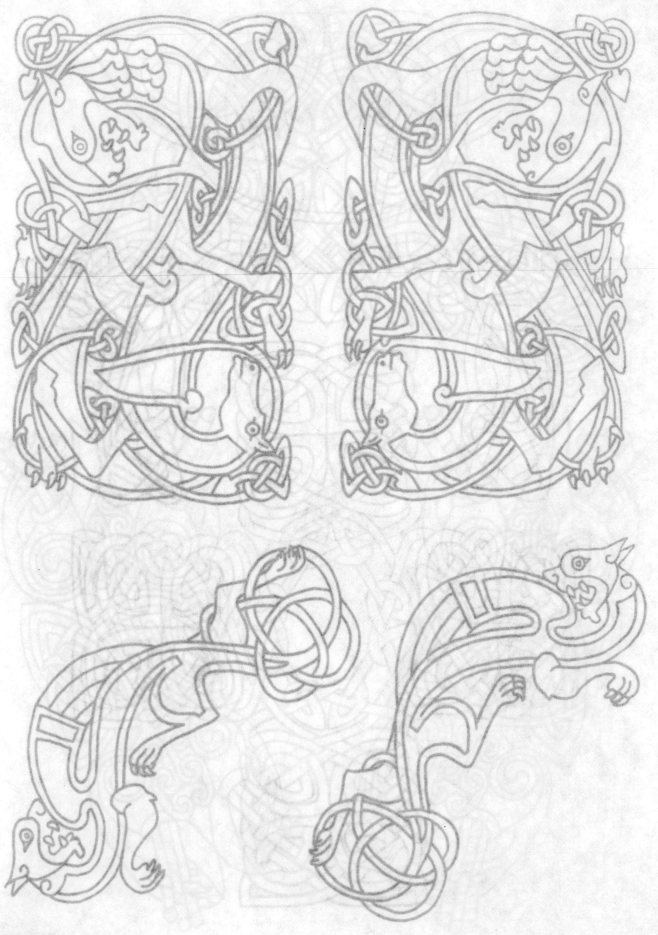

Plate 11

Plate 12

Test Pattern

Plate 12

Plate 13

Plate 13

Plate 14

Plate 14

Test Pattern

Plate 15

Plate 15

Test Pattern

Plate 16

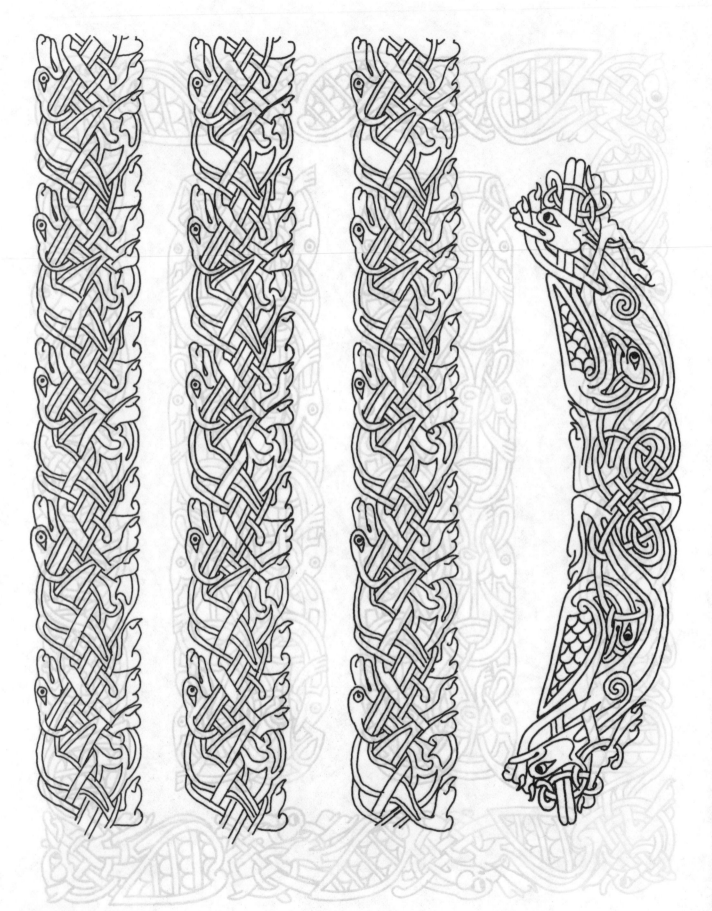

Plate 16

Plate 17

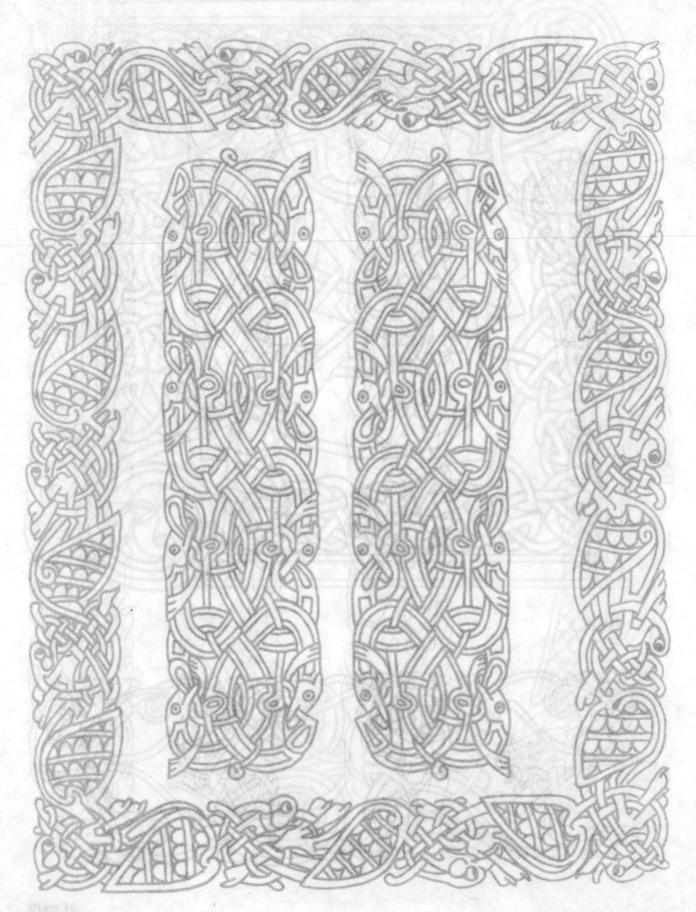

Plate 17

Plate 18

Plate 18

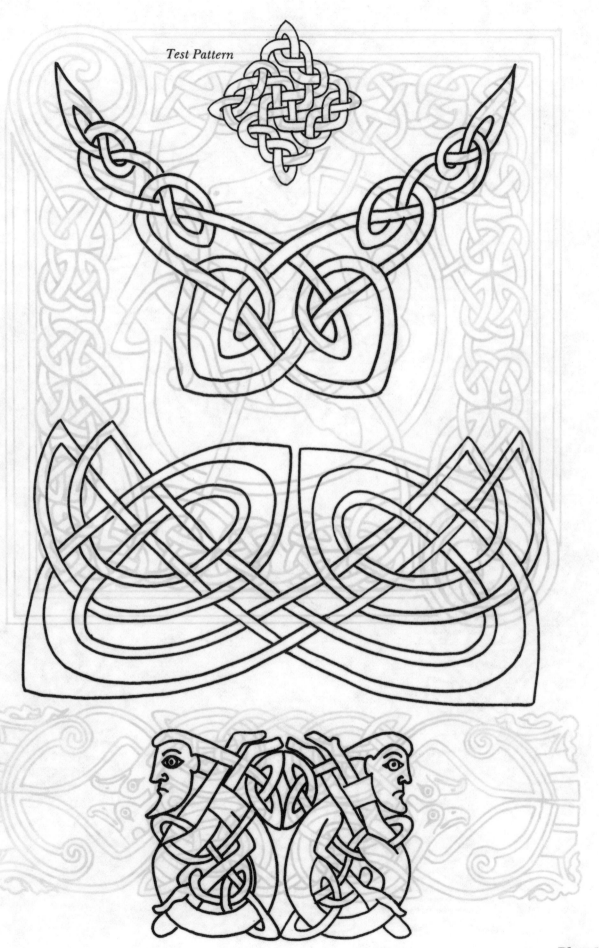

Test Pattern

Plate 19

Plate 19

Plate 20

Test Pattern

Plate 20

Test Pattern

Plate 21

Plate 21

Test Pattern

Plate 22

Test Pattern

Plate 22

Test Pattern

Plate 23

Test Pattern

Plate 23

test pattern

Plate 24

Test Pattern

Plate 24